Where is God in a Coronavirus World?

코로나바이러스 세상, 하나님은 어디에 계실까?

WHERE IS GOD IN A CORONAVIRUS WORLD?

코로나바이러스 세상, 하나님은 어디에 계실까 ?

존 레녹스 지음 | 홍병룡 옮김

아바서원

목차

* 본문에 사용된 성경 구절은 「새번역 성경」에서 인용했습니다.

감사의 글

다양한 방식으로 이 프로젝트를 도와준 모든 사람에게 감사 드리고 싶다.

그 중에서도 특히 이 출판사의 지칠 줄 모르는 대표 Tim Thornborough와 편집장 Carl Laferton, 그리고 나의 연구 조교 Dr Simon Wenham에게 감사를 표한다.

머리말

우리는 획기적인 시기를 거치고 있다. 우리의 세계관과 신념과 상관없이 예전에 품었던 확실한 것들이 많이 사라지고 말았다. 당신이 크리스천이든 아니든, 코로나바이러스 팬데믹이 우리 모두를 난감한 상황에 빠뜨리고 있다. 이 문제를 우리는 어떻게 생각하며 대처하고 있는가?

이 책은 우리가 현재 겪고 있는 문제에 대한 나의 성찰이다. 불과 한 주 전에 글을 쓰기 시작했는데, 그동안 상황이 급변했고 앞으로도 그럴 것이다. 이는 나의 개인적인 견해인 만큼 나와 관련된 대학교나 기관들과는 무관하다. 조금

껄끄러운 면과 부족한 면이 있을 수밖에 없으니 널리 양해해주길 바란다.

독자 여러분은 이 책을 이런 식으로 봐주면 좋겠다. 나는 어느 커피숍에 당신과 함께 앉아 있고 당신이 표지에 나온 질문을 나에게 던졌다. 나는 커피 잔을 내려놓고 당신에게 솔직한 답변을 준다. 다음 내용은 약간의 위로와 지지와 희망을 전달하려고 쓴 것이다.

코로나바이러스에 떠는 세상

1장

초현실적인 분위기다.

나는 지금 칠십 대 중반, 집에서 아내와 TV를 시청하고 있다. 보건복지부 장관이 나와 세계를 휩쓸고 있는 코로나바이러스 팬데믹을 피하기 위해 최대 사 개월까지 집에서 자가격리 조치를 취해야 할지 모른다고 발표한다. (코로나바이러스는 종류가 많지만 이번 것은 Covid-19라고 불린다. 여기서는 '코로나바이러스'라고 부르겠다.) 이 팬데믹은 역대 최악의 바이러스일지 모른다고, 그 영향력이 우리의 평가를 훨씬 능가할 것 같다고 하니 실로 난감하다. 그 규모와 범위가 암흑향(dystopia)

영화에서나 본 듯하다. 그런데 이런 일이 실제로 벌어지는 중이다.

도시들과 심지어 국가들까지 폐쇄되고, 국경이 봉쇄되고, 여행이 금지되고, 필수적인 서비스 외에는 모두 문 닫고, 대규모 스포츠도 금지되고, 침묵의 소도시와 대도시들이 두려움과 자가격리에 처하는 등 우리가 이제껏 경험한 적이 없는 국면이다. 이 팬데믹은 확산 속도가 너무 빨라서 필요한 자원을 생산하느라 국가 보건 시스템이 엄청난 압력을 받고 있다.

유럽은 중국에서 시작된 이 팬데믹의 중심지가 되었다.[1] 한편으로, TV 뉴스는 텅 빈 거리, 슈퍼마켓의 텅 빈 진열대, 텅 빈 스포츠 경기장, 텅 빈 교회들을 비춰준다. 다른 한편, 병원들은 환자로 가득하고 추가 병상을 만드느라 정신이 없다. 회사와 사업체가 위기에 처했다. 두려움이 온 세상을 엄습했고, 갈수록 더 많은 사람이 영향을 받아 두려움이 날마다 더 커지고 있다.

온 세상이 점점 더 취약해진다는 느낌을 지울 수 없다. 우리 대다수는 어느 정도 예측이 가능한 안정된 세계에 익숙해 있었다. 이제는 그 모든 것이 무너지고 있다. 우리가 늘

의지했던 것들이 사라졌고, 우리는 통제 불가능한 세력에 노출되어 있다. 사람들은 자신의 신체적 건강과 심리적 건강 때문에 두려워한다. 또한 가족과 친구들, 특히 노약자들 때문에, 그리고 사회적 그물망, 식량 조달, 직업과 경제적 안정 등 수많은 문제들 때문에 두려워하고 있다.

이런 불안정하고 불확실한 분위기에서는 균형 감각을 잃기 쉽다. 우리는 매년 인플루엔자로 죽는 사람의 통계를 태연히 받아들인다. 영국 보건부에 따르면, 영국에서 지난 5년 동안 매년 인플루엔자로 죽은 사람이 평균 17,000명으로 추정되고, 미국에서는 2019년 10월부터 2020년 3월까지 23,000~59,000명에 이른다고 한다. 그리고 2019년에 전 세계적으로 길에서 죽은 사람이 무려 135만 명이나 된다. 하지만 코로나바이러스가 이런 원인보다 우리를 더 두렵게 하는 것은 방대한 규모와 기하급수적인 성장, 무수한 사람을 죽일 수 있는 잠재력 때문이다. 당신이 이 글을 읽을 때는 내가 쓸 때보다 사망자 수가 훨씬 많아졌을 것임을 나도 알고 있다.

미국 국립보건원 원장인 프랜시스 콜린스는 "더 애틀랜틱"과의 인터뷰에서 이 바이러스에 대해 깜짝 놀란 이유를 이렇게 설명한다.

"이 바이러스는 전염 속도가 너무나 빠르다. 사스(SARS)보다 더
빠르다. 사스는 18년 전 온 세계를 두려움에 빠뜨린 질병이었
으나, 이 코로나바이러스만큼 전염성이 없었기 때문에 이로 인
한 전염이나 죽음의 수준에 도달한 적이 없다. 사스는 중병에
걸린 사람들로부터만 전염될 수 있었다. 이 바이러스는 경미한
질병을 가진 사람들이나 아예 아프지 않은 사람들로부터도 전
염이 될 수 있는 것 같다."[2]

우리는 이 모든 것에 어떻게 반응해야 할까? 모종의 균형
감각을 갖는 것이 가능한가? 공황과 히스테리에 빠지는 것
을 어떻게 피할 수 있을까?

우리는 이런 문제를 겪은 적이 있다

과거에도 비슷한 팬데믹들이 있었다. 기록에 남은 가장
오랜 사례는 아마 주후 165~180년에 발생한 안토니우스 역
병 내지는 갈레노스 역병일 것이다. 연루된 질병은 불확실
하지만 홍역이나 천연두였던 것으로 추정된다. 사망자는 약

5백만 명. 이후 유스티니아누스 역병(주후 541~542)이 생겼다. 이는 동물(쥐)에서 벼룩을 거쳐 사람에게 옮겨진 선(腺)페스트였다. 2천 5백만 명 이상이 죽은 것으로 추정된다.

14세기(1346~1353)에는 흑사병으로 알려진 또 한 차례의 선 페스트가 발병해서 유라시아에 살던 7천만 명에서 1억 명을 죽인 것으로 추정된다. 이로써 세계 인구의 약 이십 퍼센트가 감소되었다.

한참 후인 19세기와 20세기 초에는 콜레라 팬데믹이 여러 차례 휩쓸어 백만 명 이상이 죽었다. 1918~1920년에 발병한 인플루엔자 팬데믹은 2천만에서 5천만 명의 생명을 앗아갔다. 나의 십대 시절인 1956~1958년에 발병한 아시아 인플루엔자는 2백만 명을, 1968~1969년의 홍콩 인플루엔자는 백만 명을 죽음으로 내몰았다. 2005~2012년에 최고조에 달한 HIV/AIDS 팬데믹으로 죽은 사람은 무려 3천 2백만 명이나 되었다.[3]

이 모든 질병은 팬데믹으로 분류된다. 이에 덧붙여, 에볼라와 사스 같은 여러 유행병이 있었는데, 이런 것들은 특정 지역에 한정되었기에 팬데믹으로 분류되진 않는다. 비교적 최근인 백이십 년 전만 해도 서양인들은 전염병 – 장티푸스,

결 핵, 콜레라 등 – 을 정상적인 삶의 일부로 여기며 살았다.

코로나바이러스는 페스트처럼 동물에서 시작해 사람에게 확산된 것으로 본다. 그런데 지금은 21세기다. 최근 의학과 질병의 이해에 굉장한 진보가 있었기 때문에 많은 사람은 유행병은 이제 역사의 뒤안길로 사라졌다고 생각하는 듯하다. 하지만 이제야 그렇지 않다는 사실을 깨닫기 시작하고 있다. 이 새로운 상황에 우리는 어떻게 반응해야 할까?

하나님은 존재하는가?

과거에는 서양에서 국가적 재앙이 발생하면 사람들이 교회로 몰려갔고 국가 지도자들은 기도를 요청하곤 했다. 그런 현상을 지금은 보기 드물다. 소수의 국가 지도자들이 기도를 요청했고, 물론 전 세계의 많은 교회 지도자들은 그런 발표를 했지만 말이다. 남아공화국의 헌법재판소장 모호엥은 "나는 기도할 수 있는 모든 이들이 오늘부터 기도하는 게 절대로 필요하다는 것을 알기를 바란다"[4]라고 호소했다.

그러나 오늘날에는 자신의 삶이 하나님과 연결되어 있음을 아는 사람이 점점 더 줄고 있다. 세계 전역의 교회들이 바이러스의 확산을 막으려고 문을 닫고 있어서 다수가 –만일 하나님이 존재한다면- 하나님이 어디에 계시는지 묻고 있다. 그분은 자가격리 중이라 접근할 수 없는가? 우리는 어디서 또는 누구로부터 진정한 위안이나 희망을 얻을 수 있을까?

파괴된 성당들과 세계관

2장

위기에 처할 때 우리가 찾는 것은 희망이다. 2020년 3월 10 일자 「뉴욕 타임즈」에 이탈리아 저널리스트 마티아 페라레 시의 이런 기사가 실렸다.

"뜨거운 물은 손 소독제가 아니고 기도는 백신이 아니다. … 그 러나 신자들에게는 종교가 영적 치유와 희망의 근본적인 원천 이다. 그것은 안녕의 필수 요소인 심리적 및 정서적 지지를 제 공하는, 절망의 치료책이다. (또한 여러 의료 전문가들이 우리 시대의 가장 걱정되는 공중 보건 이슈의 하나로 지적하는 외로움의 해독제이기도하다.)

"더 깊은 차원에서는 종교가 예배자들에게 궁극적인 의미의 원천이다. 모든 종교의 가장 심오한 주장은 존재 전체를, 특히 고통과 환란으로 채색된 상황을 이해하게 해준다는 것이다. 그런 주장을 진지하게 받아들여라. 그러면 신체적 건강조차, 더 큰 목적이 없다면, 무의미한 것으로 보이기 시작한다."[5]

삶이 예측 가능하고 통제될 수 있을 때는 큰 의문의 제기를 미루거나 단순한 답변에 만족하기 쉽다. 그러나 현재의 삶은 그렇지 않다. 예외가 없다. 당신의 신앙이나 신념 체계와 상관없이, 인생의 큰 의문들이 표면을 뚫고 나와 주목을 요구하는 건 놀랄 일이 아니다.

코로나바이러스는 우리로 고통과 고난의 문제에 직면하게 한다. 이것은 인생의 가장 어려운 문제 중 하나이다. 우리는 경험상 이에 대한 단순한 답변, 이를 이해하려는 간편한 시도에 의심의 눈초리를 보낼 수밖에 없다.

여기서 내가 하고 싶은 일은 우선 그런 단순한 '답변'을 피하는 것이고, 코로나바이러스가 모든 것을 변화시키고 있는 만큼 내가 이런 어려운 문제를 붙들고 씨름하면서 떠오른 생각을 솔직하게 당신과 나누는 것이다.

파괴된 성당들

고난의 문제를 다룬 책이 이미 많은데 왜 또 다른 책이 필요한지 당신이 물을지도 모르겠다. 답변은 이렇다. 대다수가 도덕적인 악의 문제에 초점을 맞추고 있지만 이 책은 자연적인 악의 문제에 집중하고 있다는 것. 말하자면, 나의 초점은 깨어진 자연에 있다는 뜻이다. 일차적으로는 코로나바이러스에 두고 있으나 온갖 질병들과 지진과 쓰나미 같은 자연 재앙에도 맞추고 있다.

고통과 고난은 두 가지 원인에 기인한다. 첫째, 자연 재앙과 질병의 결과로 생기는 고난이 있다. 지진, 쓰나미, 암, 코로나바이러스 등인데, 이에 대해선 인간의 (직접적인) 책임이 없다. 이는 고통의 문제 내지는 자연적인 악의 문제를 낳는다. 이 용어는 약간 유감스럽다. '악'이란 단어는 도덕적 의미를 내포하고 지진이나 바이러스는 도덕적 행위자가 아니기 때문이다.

둘째, 남자와 여자가 직접 책임을 져야 할 고난이 있다.

미움, 테러, 폭력, 학대, 살인의 행위들이다. 이는 도덕적 악의 문제를 낳는다.

　뉴질랜드의 크라이스트처치 성당, 잉글랜드의 코번트리 성당, 독일 드레스덴의 성모교회는 이 두 문제를 보여주는 강력한 상징들이다. 이 파괴된 성당 건물들은 두 가지 흔적을 지니고 있다. 한편으로는 한 때 보유했던 아름다움과 우아함의 증거를 보여준다. 다른 한편으로는 대재앙의 깊은 상처로 파괴되기도 했다. 크라이스트처치는 지진으로, 코번트리 성당과 성모교회는 폭격으로 파괴된 것이다. 따라서 파괴된 성당들은 제각기 아름다움과 파괴의 혼합된 모습을 보여주고 있는 것이다.

　이런 사례들은 대재앙에서 생기는 실존적인 문제들에 대해 쉬운 답변이 있을 수 없음을 상기시켜준다. 그런 시기에 살았던 이들에게는 그 모습이 눈에 거슬리는 정도가 아니라 가슴 절절히 다가왔을 것이다. 그런 고통에서 동떨어진 우리는 그처럼 절절하게 느낄 수 없다.

　하지만 크라이스트처치와 코번트리는 차이가 있다. 크라이스트처치의 성당은 지각판의 변동으로 무너졌다. 코번트리와 드레스덴의 성당들은 전쟁의 결과로 무너졌다. 어떤

사람들은 크라이스트처치 지진을 9/11에 비유하면서 둘 다
전국에 비슷한 충격파를 보냈기 때문이라고 한다. 그러나
중요한 차이점이 있다. 쌍둥이 빌딩의 파괴는 자연 재앙이
아니라 도덕적 재난이었다. 인간의 악이 낳은 산물이었다.
이에 비해, 지진은 도덕적 재난이 아닌 자연 재앙이다.

물론 도덕적 악과 자연적 악은 때때로 연결되어 있다. 전
자가 후자를 낳을 수 있기 때문에 무척 복잡하다. 가령, 탐
욕스런 상업적 산림 벌채가 사막의 확산을 낳고, 이는 영양
실조와 질병을 낳을 수 있다. 그러나 코로나바이러스의 창
궐은 자연적인 악의 사례인 듯하다(그 근처에 있는 이기적인 식료
품 사재기에는 도덕적 악이 숨어있긴 하지만). 물론 음모론자들은 어
떤 인간 행위자들의 탓으로 돌리려고 할 것이다. 인간이 바
이러스의 감염에 개입되어 있지만 고의적으로나 이기적으
로 그랬던 것은 아니다. 보통은 바이러스가 동물로부터 인
간에게 건너뛰었다고 생각한다.

그럼에도 중국 당국이 애초에 파괴적인 새로운 바이러
스에 대한 보도를 억압했다는 증거가 있다. '가디언' 신문은
2020년 3월 11일에 홍콩발 릴리 쿠오의 보도를 실었다.

"중국 정부가 WHO에 전달한 공식 발표에 따르면 최초의 확진 사례는 12월 8일에 진단되었다고 한다. 12월 말에 동료들에게 새로운 질병에 대해 경각심을 일으키려 했던 의사들이 질책을 받았다. 당국은 인간에서 인간으로의 감염이 있다는 사실을 1월 21일까지 공개적으로 시인하지 않았다."[6]

슬프게도, 2019년 12월 코로나바이러스에 대한 경각심을 불러일으켜 중국의 영웅으로 떠올랐던 안과 의사 리원량은 전염병에 감염되어 두 달 후에 죽고 말았다.

앞으로 오랫동안 코로나바이러스에 대한 각 국가의 대응에 대한 비난과 맞비난이 이어질 것이다. 그러나 그런 것은 이 위기를 다루는데 도움이 되지 않고 개인적으로 어떻게 대응해야 좋을지도 알려주지 않는다.

우리의 대응 방법은 우리의 관점에 어느 정도 달려있을 수밖에 없다. 중환자실에서 생사를 오가는 감염된 노인에게 비치는 코로나바이러스는 그 노인을 돌보는 의사 또는 그 노인을 방문할 수 없는 가족 또는 그 노인을 도우려고 애쓰는 목사에게 비치는 모습과 매우 다르다. 우리의 또 다른 관심사는 우리가 그 바이러스를 갖고 있는지, 가진 적인 있는지 여부와 우리가 그 바이러스를 다른 사람에게 전염시킬 수 있는지, 전염시켰는지 여부이다.

우리는 코로나바이러스를 세 가지 방식으로 이해할 필요가 있다. 지적으로, 감정적으로, 그리고 영적으로. 셋 모두 중요하고, 이 셋은 누구에게나 상당한 도전을 던진다.

우리는 지적인 명료성을 갖고 싶다. 다수는 몇 시간 동안 뉴스를 시청하고 인터넷을 물색하면서 현 상황을 이해하도록 돕는 새로운 정보를 찾기를 바란다. 그런데 지적인 분석은 눈물 베일을 쉽게 침투하지 못한다. 너무나 치명적이고 뒤집을 수 없는 상황에서 어떻게 우리가 이해할 수 있겠는가? 깊고 깊은 의문들이 한없이 흘러나온다. 어쩌면 이 글을 읽고 있는 당신이 그런 상황에 처해 있을지 모르겠다. 어째서 이런 일이 나에게 또는 그들에게 일어났을까? 어째서 그들은 감염되어 죽고 나는 살아남았을까? 나의 신체적 고통과 정신적 고통을 어디서 경감 받을 수 있을까? 도대체 희망이 있는가?

고통의 역할

인간 경험과 기초 의학은 고통이 우리의 삶에서 중요한

역할을 수행한다고 가르쳐준다. 첫째, 고통은 위험에 대해 경고한다. 예컨대, 당신이 불 가까이 손을 대면 당신의 신경 계통이 당신의 뇌에 경보를 발하고 당신은 고통을 느끼고, 이는 당신의 손을 물러나게 해서 화상을 모면하게 해준다. 따라서 고통은 모두 나쁘다고 말할 수 없다.

둘째, 어느 정도의 고통은 신체 발달에 포함되어 있다. 예컨대 – 육상, 등반, 또는 축구와 럭비와 복싱 등을 기준으로 본다면 – 스포츠 열광주의자들은 탁월해지기 위해 상당한 고통을 감내할 것이다.

셋째, 좀 더 깊은 차원에서는 고통이 성품 형성에 기여할 수 있다. 고통에 직면해서 탄력적이고 강인한 성품을 개발한 본보기는 상당히 많다. 러시아 문호 도스토예프스키의 작품에 나오는 인물 라스콜니코프의 말에는 진리가 담겨 있다. "고통과 고난은 항상 큰 지성과 속 깊은 마음을 위해 불가피하다."[7] 그는 고통을 겪지 않은 위대한 인물은 상상할 수 없다고 했다.

부모들은 종종 이 진리를 인식한다. 그래서 이따금 자녀가 고통스런 경험을 거치도록 허용하는데, 그들의 인생 여정에 근거해 그런 경험이 결국 자녀에게 유익할 것임을 알기 때문이다.

이에 대해 나는 많이 알지 못해도 잠시 개인적인 경험을 얘기할까 한다. 몇 년 전 나는 가슴에 통증을 느껴 무언가 매우 잘못되었다고 생각했다. 병원에 달려갔더니 상황이 심각해져서 아내에게 작별 인사를 해야 했다. 노련한 의술 덕분에 치명적일 뻔 했던 심근 경색에서 아슬아슬하게 벗어날 수 있었다. 어느 의미에서, 나는 심장 속 지진을 경험했던 것이다.

그런 경험을 하면 누구나 변하지 않을 수 없다. 나는 많은 것을 배웠다. 무엇보다 나도 죽을 운명이고 취약하다는 것을 배웠다. 지금은 나의 생명을 귀한 선물로 되돌려 받았다고 느낀다. 그리고 나의 목적의식과 소명감을 더욱 절실하게 느끼게 되었다.

재난과 세계관

내가 심근 경색에 시달렸던 그 즈음에 내 여동생은 스물 두 살밖에 되지 않은 (결혼한) 딸을 뇌종양으로 잃고 말았다. 내가 회복된 것을 인해 하나님께 감사한다면 – 실제로 감사한다 – 내 여동생에게는 하나님에 대해 무엇을 말할 수 있을까? 그리고 코로나바이러스처럼 긍정적 차원을 볼 수 없는 팬데믹에 관한 한, 나는 하나님에 대해 무엇을 말할 수 있을까?

C. S. 루이스는 언젠가 우리에게 공감을 일으키는 편지를 쓴 적이 있다.

"하나님이 친히 공유하려고 내려오신, 모든 창조세계의 진통[괴로움]이 (자유 의지를 지닌) 유한한 피조물을 … 신들로 변모시키는 과정에 필요할지 모른다고 믿기가 너무나 어렵다."[8]

그리고 우리는 그 목록에 코로나바이러스를 더할 수 있겠다.

그 편지는 한 때 무신론자였다가 중년에 크리스천이 되어 고통과 고난과 악의 문제를 책 두 권 - 『고통의 문제』와 『헤아려 본 슬픔』 - 에서 탐구했던 인물이 쓴 것이다. 두 권 모두 이런 깊은 이슈들에 대한 우리의 태도는 우리의 세계관의 영향을 받는다는 것을 보여준다. 세계관이란 오랜 기간 형성된 것으로서 우리 각자가 삶과 죽음과 존재의 의미에 관한 큰 질문들에 대해 생각할 때 가져오는 틀을 말한다.

우리 모두는 그런 질문에 대해 얼마나 많이 생각했는가와 상관없이 그런 틀을 갖고 있다.

제임스 사이어는 『기독교 세계관과 현대사상』이란 무척 유익한 책에서 근본적으로 세 가지 대표적인 세계관 가족들이 있다고 지적한다.[9] 첫째, 세 개의 아브라함 종교 – 유대교, 기독교, 이슬람교 – 가 견지하는 유신론적 세계관이 있다. 이는 세계를 창조해서 지탱하는 하나님, 인간을 자기 형상으로 창조한 하나님이 있다고 가르친다. (나는 세계관 '가족들' 이 있다고 말했다. 자기네 거룩한 책을 진지하게 여기는 유대교인이나 크리스천이나 무슬림이 말하듯이, 각 범주 내에는 중요한 차이점들이 있기 때문이다.)

둘째, 유신론적 접근의 반대 극단에는 무신론적 세계관이 있다. 이는 이 우주가 존재하는 전부이고 초자연적 차원은 존재하지 않는다고 주장한다. 셋째, 하나님의 개념과 세계의 개념을 하나의 비인격적 실체로 융합하는 범신론적 세계관이 있다.

나는 또한 회의적인 또는 불가론적인 관점을 취하는 사람들이 있다는 것도 잘 안다. 그러나 아무도 모든 것에 대해 회의적이거나 불가지론적일 수는 없다. 그래서 마음 깊숙한 곳에서는 대다수 사람이 방금 언급한 세 가지 세계관 중의 하나에 속하게 된다.

나도 이 그림에 잘 들어맞는다. 하나의 세계관을 갖고 있다. 나는 크리스천인즉 왜 기독교가 코로나바이러스와 같은 자연 재앙의 이슈에 대해 할 말이 있다고 생각하는지 그 이유를 분명히 보여주려고 한다. 다른 곳에서는 찾을 수 없는 무언가를 말해주고 싶다. 당신은 나와 동의할 수도 있고 그렇지 않을 수도 있다. 그러나 당신이 이 책을 끝낼 때는 왜 크리스천들이 희망에 대해 확신 있게 말할 수 있는지, 죽음이 갑자기 더 가까운 듯한 불확실성의 세계에서도 평안을 느낄 수 있는지 알게 되기를 바란다.

무신론은 도움이 될까?

|

3장

당신의 세계관에 따라 코로나바이러스 팬데믹, 지진이나 쓰나미와 같은 재앙에 반응하는 모습이 달라질 것이다. 예컨대, 많은 유신론자들은 뉴질랜드 지진에 반응할 때 시편 46편의 말씀으로 하나님에 대한 믿음을 고백했다.

"하나님은 우리의 피난처이시며, 우리의 힘이시며, 어려운 고비마다 우리 곁에 계시는 구원자이시니, 땅이 흔들리고 산이 무너져 바다 속으로 빠져 들어도, 우리는 두

|

려워하지 않는다. 물이 소리를 내면서 거품을 내뿜고 산들이 노하여서 뒤흔들려도, 우리는 두려워하지 않는다."

(시편 46:1~3)

다른 유신론자들은 팬데믹, 지진과 쓰나미는 하나님의 직접 심판이라고 말한다. 실제로 다양한 종교인들이 일본(2011년)과 뉴질랜드(2016년)에서 발생한 지진과 쓰나미에 대해 그렇게 주장했다. 이는 불필요한 상처를 유발하는 매우 투박한 반응이다.

이 견해와 연관된 범신론적 신념이 있는데, 이는 고통을 받는 이들은 전생에 지은 죄 때문이라는 것이고, 현생에서의 고통은 그들의 업보를 갚는 역할을 한다는 것이다.[10] 그러므로, 인과의 사슬은 깰 수 없는 만큼 그들의 고통을 경감시키려 노력하는 일은 무의미하다. 그런 노력은 그들의 정화 과정을 늦출 뿐이기 때문이다. 이런 세계관이 코로나바이러스나 다른 질병에 시달리는 사람들에게 어떤 희망을 줄 수 있을지 모르겠다. 설상가상으로, 일부 동양 철학들은 고통을 단순한 환상으로 본다.

성경에 따르면, 누군가 중병이나 사고로 고통을 당한다

면, 당사자가 남몰래 심각한 죄를 범했기 때문이라고 결론 짓는 것은 옳지 않다. 흔히들 성경이 이런 관점을 갖고 있다고 생각하곤 했다. 그러나 구약의 욥기는 그런 생각에 반대하는 책이다. 하나님이 친히 욥의 친구들, 곧 욥에게 그 자신의 고난에 책임이 있다고 생각하는 이들에게 그들이 틀렸다고 말씀하신다.[11]

더군다나, 욥의 고통과 고난은 자연적 악과 도덕적 악 둘 다로 유발된 것이다. 욥의 가족을 공격한 것은 스바 사람들과 갈대아 사람들의 두 차례 습격(도덕적 악)과 불과 강풍이란 두 번의 자연 재앙(자연적 악)이었다. (다시금 강조하건대, 여기서 '악'이란 단어는 고통의 원인이 비도덕적인 것이란 뜻이 아니고 – 불은 도덕성을 갖고 있지 않다 – 그것이 입힌 손실이 피해자들에게 나쁘다거나 악하다고 묘사될 수 있다는 뜻이다.)[12]

이와 마찬가지로, 예수 역시 고난이 반드시 개인적인 악행과 연계되어 있음을 명백히 부인했다.[13] 그 맥락도 욥의 경우처럼 자연적 악과 도덕적 악이란 두 주제와 연관이 깊다. 예수의 역사적 전기(누가복음)를 기록한 역사가 누가는 그 사건을 이렇게 얘기한다.

"바로 그 때에 몇몇 사람이 와서, 빌라도가 갈릴리 사람들을 학살해서 그 피를 그들이 바치려던 희생 제물에 섞었다는 사실을 예수께 일러드렸다. 예수께서 그들에게 대답하셨다. '이 갈릴리 사람들이 이런 변을 당했다고 해서, 다른 모든 갈릴리 사람보다 더 큰 죄인이라고 생각하느냐? 그렇지 않다. 내가 너희에게 말한다. 너희도 회개하지 않으면, 모두 그렇게 망할 것이다. 또 실로암에 있는 탑이 무너져서 치여 죽은 열여덟 사람은 예루살렘에 사는 다른 모든 사람보다 더 많이 죄를 지은 사람이라고 생각하느냐? 그렇지 않다. 내가 너희에게 말한다. 너희도 회개하지 않으면, 모두 그렇게 망할 것이다.'" (누가복음 13:1~5)

국가의 잔학행위(도덕적 악)로 죽은 사람들에게 주목하라는 요청을 받자 예수는 자연 재난(자연적 악)에 죽은 이들을 상기시키셨다. 이어서 두 사례 모두에 관한 대중적인 견해, 즉 이런 사건들의 피해자들은 하나님이 콕 집어서 처벌하신 극악한 죄인들이었음에 틀림없다는 생각을 책망하셨다. 그 함의는 그런 일이 발생할 수 있고 또 발생하는 세상에 우리가 살고 있지만 – 비록 하나님이 모든 것을 다스리는 분이라도 – 항상 하나님이 직접 유발하신 사건은 아니라는 것이다.

그런데 예수의 마지막 한마디, 곧 이 이슈에는 더 많은 것
이 내포되어 있다는 말씀을 놓치면 안 된다. 타인들에게 닥
치는 불행을 모면한 사람이 무죄한 것은 아니라는 뜻이다.
"너희도 회개하지 않으면, 모두 그렇게 망할 것이다."(회개의
문제는 나중에 다룰 것이다.)

다른 한편, 모든 재난과 질병이 다 하나님의 심판은 아니
지만(욥의 경우처럼) 일부는 그분의 심판이란 것이 기독교의
가르침이다. 초기 기독교 지도자 바울은 고린도교회에게 그
들 중 일부가 하나님의 심판의 결과로 병이 들었다고 말했
다. 그래서 하나님은 그들이 부도덕한 생활방식을 돌이키길
원하신다고 했다.[14] 바울은 하나님의 영의 감화를 받은 자의
특별한 통찰력을 갖고 글을 쓰고 있었다. 하지만 우리는 누
가 이런 식으로 처벌을 받는지 판단할 그런 권위가 없다. 그
런즉 자연적인 악으로 받는 고통을 하나님의 심판으로 해석
하는 사람을 경계하라. 그리고 하나님은 이런 팬데믹을 통
해 할 말이 없다고 – 특히 하나님을 문화적으로 무관하다고
여겨 그분께 대체로 등을 돌린 서양 사회들에게 – 말하는
사람도 경계하라.

무신론은 도움이 안 된다

일부 무신론자들은 "그런 사건은 그냥 그들에게 닥친 것이다"라고 말하면서 일종의 '심판' 내지는 '운명'을 믿는다.

많은 사람은 재앙과 자연적 악의 문제에 대한 유일한 해결책은 하나님을 버리고 무신론을 수용하는 것이라고 생각한다. 그들은 코로나바이러스와 암, 쓰나미와 지진 등은 하나님이 존재하지 않는다는 것을 보여준다고 말한다. 우주는 본래 이렇다는 사실을 그냥 직면해야 한다고 한다. 가혹하고 무정한 현실, 우리가 살든 죽든 전혀 관심이 없는 현실이란 것이다.

스코틀랜드 계몽주의 철학자 데이비드 흄은 나와 같은 크리스천들이 씨름해야 할 문제를 지적했다. 그는 주전 3세기의 한 그리스 철학자를 언급하면서 이런 진술을 했다.

"에피쿠로스의 옛 질문은 아직 답변을 얻지 못했다. [하나님은] 악을 방지하고픈 마음이 있지만 그럴 능력이 없는가? 그렇다면 그는 무능하다. 그는 그럴 능력이 있지만 그럴 마음이 없는가? 그렇다면 그는 심술궂다. 그는 그럴 능력도 있고 마음도 있는가? 그렇다면 악은 어디서 오는가?"[15]

그런데 이런 무신론자의 길은 어디서 끝나는가? 이로부터 한 발자국만 더 나가면 고난의 현실에 대한 리처드 도킨스의 독단적인 무신론적 반응에 이른다.

"자연 세계에서 매년 발생하는 고통의 총량은 웬만한 상상을 뛰어넘는다. 내가 이 문장을 작성하는 일분 동안, 수천 마리의 동물이 산 채로 잡아먹히고, 수많은 동물이 두려움에 떨면서 목숨을 구하러 달아나고, 다른 많은 동물은 서서히 내부의 기생충들에게 희생되고, 온갖 동물들이 굶주림, 갈증, 질병으로 죽어가고 있다. 그래야만 한다. 언젠가 풍요로운 시절이 있다면, 이 사실은 자동적으로 개체군을 증가시킬 것이고 마침내 아사와 불행이란 자연 상태가 되돌아오게 된다. 전자들과 이기적 유전자들, 맹목적인 물리력과 유전적 복제로 이뤄진 우주에서는 일부 사람들이 상처를 받을 것이고, 다른 이들은 행운을 얻을 것이며, 당신은 그 속에서 어떤 리듬이나 이유, 어떤 정의도 찾지 못할 것이다. 우리가 관찰하는 우주는 우리가 기대하는 바로 그 속성들, 즉 근본적으로 설계도 목적도 악도 선도 없고 단지 맹목적이고 냉혹한 무관심만 있다면 기대할 만한 그런 속성들을 갖고 있다. DNA는 지식도 없고 배려도 없다. 그리고 우리는 그

음악에 따라 춤을 춘다"[16]

이에 대해 크리스천은 어떻게 반응하는가? 먼저, 도킨스의 무신론적 결정론은 선과 악의 범주를 폐기하고 운명론적 우주에서의 맹목적이고 냉혹한 무관심으로 대치하는 듯이 보인다. 이처럼 선과 악을 폐기한다는 것은 코로나바이러스가 나쁘다거나 악하다는 담론이 무의미하다는 뜻이다(도킨스가 실제로 그렇게 믿는지는 무척 의심스럽지만).

하지만 도킨스는 진지한 논점을 개진하고 있다. 이에 비추어 우리는 무신론적 신념 체계가 과연 코로나바이러스에 대한 합리적 반응인지 물어봐야 한다. 만일 하나님이 존재하지 않는다면, 우리가 보유한 선과 악의 개념은 애초에 도대체 어디에서 오는 것일까? 그런 신념 체계에 따르면, 코로나바이러스로 인한 (치명적인) 결과는 원자들이 스스로를 재배열하는 것에 불과하기 때문에 그 자체를 어떤 의미로든 '나쁘다'고 말할 수 없다.

도스토예프스키는 "하나님이 존재하지 않는다면 모든 것이 허용될 수 있다"[17]라고 썼다. 그렇다고 무신론자들은 도덕적으로 행할 수 없다는 뜻은 아니다. 사실도 그렇지 않다.

무신론자들은 종종 도덕적 행위로 종교적인 사람을 부끄럽게 만들 수 있고 또 그렇게 만든다. 이에 대한 기독교적 관점은, 하나님을 믿든 안 믿든 모든 사람은 창조주 하나님의 형상으로 창조된 도덕적 존재라는 것이다. 그런즉 모든 인간은 도덕적으로 행할 수 있다. 도스토예프스키가 무신론자들은 도덕적 신념이 부족하다고 탓하는 것이 아니었다. 그보다 더 깊은 것을 말하고 있었다. 하나님이 존재하지 않는다면 선과 악의 개념을 뒷받침하는 합리적 근거가 없다는 것이다. 리처드 도킨스의 진술은 이 명제를 완전히 지지해 준다.

이 책의 주제는 도덕적 악이 아닌 자연적 악이지만 이 점만은 지적할 필요가 있겠다. 도킨스의 견해에 따르면, 테러리스트들과 캄보디아 킬링필드와 르완다에서 발생한 대학살의 주모자들은 단지 그들의 내장된 유전적 프로그램을 수행했을 뿐이라고. 스탈린과 히틀러와 모택동이 끔찍한 반인류적 범죄를 저질렀던 것도 마찬가지다. 당신이 만일 재미로 자녀를 살해하고픈 느낌이 든다면, 그것도 단지 당신의 DNA에 따라 춤을 추는 것이 아닐까? 만일 그렇다면, 우리 중 아무도 (오도된 용어인) 악한 존재가 되는 것을 피할 수 없다. 우리는 불평 없이 그렇게 되는 걸 운명으로 여기는 편이 나을 것이다. 도덕성은 무의미하다.

이런 견해는 살아남을 수 없다고 나는 생각한다. 리처드 도킨스가 바로 그 증거다. 그의 논리는 선과 악과 같은 실재를 무너뜨린다. 그런데 왜 그는 9/11을 비롯한 여러 잔학 행위들을 악한 것으로 생각하는가?[18]

다음으로, 자연적 악이나 도덕적 악에 대한 정당한 분노는 우리와 독립된, 객관적으로 실재하는 '선'의 표준을 전제하고 있다. 그래서 우리는 특정한 것을 정죄할 때 타인들도 우리와 동의하길 기대하는 것이다. 이런 표준들은 '초월적' 이다. 즉, 개인적인 견해의 차원 위에 존재한다. 예컨대, 우리는, 우리의 세계관과 상관없이, 주저 없이 코로나바이러스는 나쁘다고 말한다.

만일 하나님이 없다면 따라서 초월적 가치들도 없을 터인데, 그러면 객관적인 선의 표준이 어떻게 있을 수 있는가? 만일 선이나 악이 없다면, 도덕의 개념은 사라지고 도덕적 분노는 터무니없는 것이다. 이른바 – 도덕적인 또는 자연적인 – 악의 '문제'는 개의치 않는 물질의 냉혹한 무관심 속으로 용해되고 만다.

철학자 리처드 테일러도 이에 동의한다.

"현대는 신적인 율법수여자의 개념을 다소 거부하면서도 도덕
적 선과 악의 개념을 유지하려고 애썼다. 그런데 하나님을 제쳐
놓으면 도덕적 선과 악을 지지하는 유의미함의 조건 또한 폐기
시켰다는 것을 알아채지 못했다. … 하지만 교육받은 사람들에
게, 이와 같은 의문들이 종교 밖에서는 답변을 얻은 적이 없었
다는 사실을 굳이 말할 필요가 없다."[19]

19세기 철학자 니체는 서구 문명의 핵심에 있는 성경적
도덕의 폐기에 따른 결과를 다른 누구보다도 더 명료하게
봤다. 그래서 하나님의 죽음이 '권력에의 의지'를 표현하는
다원 명령으로 이어질 것이라고 예측했다. 말하자면, 강자
가 약자를 제거해야 하고 또 그럴 것이라는 예측이다. 니체
는 이렇게 썼다.

"'살인하지 말라'는 성경의 금지사항은 순진한 말이다. … 생명
자체는 한 유기체의 건강한 부분과 퇴화한 부분 간의 연대도,
'동등한 권리'도 인식하지 못한다. 누군가 후자를 실행하지 않

으면 모두가 멸망할 것이다."[20]

니체는 기독교 도덕을 노예의 것으로 멸시했고, 하나님의 죽음은 연민과 친절과 용서의 죽음을 의미할 것이라고 지적했다.

"혹자가 기독교 신앙을 포기하면 이로써 스스로 기독교 도덕에 대한 권리를 박탈당하게 된다. … 기독교 도덕은 하나의 명령이다. 그 기원은 초월적이며 … 하나님이 진리일 경우에만 진리를 소유하게 된다. 그 도덕은 하나님에 대한 믿음과 함께 서거나 넘어진다."[21]

니체는 또 다른 책에서 이런 질문을 던졌다. "생명, 자연, 그리고 역사가 '무(無)도덕적'인데 도대체 도덕이 왜 필요한가?"[22] 이는 모든 무신론자가 씨름해야 할 문제이다.

기독교가 직면하는 문제

그런데 사실은 도덕이 존재한다. 우리는 직접 경험으로 우리 자신이 도덕적 존재임을 알고 있다. 저명한 옥스퍼드

윤리학자 J. L. 매키는 이렇게 썼다.

"[윤리는] 너무나 생경한 속성들과 관계들을 구성하기 때문에 전능한 신이 창조하지 않고 그저 평범한 사건들의 흐름에서 생겼을 가능성은 거의 없다. 그래서 본래 규범적인 객관적 가치들이 존재한다면, 그 가치들은 아예 존재하지 않을 때보다 신이 존재할 확률을 더 높여준다. 그런즉 우리는 결국 도덕에 근거해 신의 존재를 논증하는, 변호 가능한 논리를 갖게 된다."[23]

매키는 그런 절대적인 도덕적 표준의 존재를 부인했던 무신론자였다. 하지만 우리 모두는 영아 학대행위와 같은 것들이 잘못이란 것, 절대로 잘못된 것임을 분명히 알 수 있다. 만일 우리가 무신론을 수용하고 그 논리를 따르려고 한다면 그렇게 말하는 것을 포기해야 한다.

방정식에서 하나님을 제거한다고 고통과 고난이 제거되는 건 아니다. 양자는 그대로 남아있다. 반면에 하나님을 제거하면 다른 무언가가 제거된다. 바로 궁극적인 희망이다. 이는 나중에 다룰 이슈이다.

그런데 우리는 아직 데이비드 흄이 제기한 질문과 씨름

하지 않았다. 코로나바이러스는 사랑의 하나님의 존재와 조화될 수 있을까?

사랑의 하나님이 존재한다면
코로나바이러스가 있을 수 있을까?

4장

이 문제를 (다음 두 장에서) 다루려면 세 가지 사항에 대해 생각할 필요가 있다. 첫째는 바이러스의 본성이고, 둘째는 인간의 본성, 그리고 셋째는 사물의 현 상태에 대한 성경의 설명이다.

바이러스의 본성

바이러스에 대해서는 호주 그리피스 대학교의 조교수인 피터 폴라드가 '세계 경제 포럼'에 쓴 글을 인용하는 게 좋겠다.

"'바이러스'란 단어는 대다수 사람을 공포에 떨게 한다. 인플루엔자, HIV, 황열병, 또는 에볼라를 떠올리기 때문이다. 물론 우리가 이런 바이러스에 대해 우려하는 것은 우리를 질병에 걸리게 하고 때로는 몹시 고통스러운 죽음에 이르게 하기 때문이다."

"그러나 인간의 몸을 파괴하는 21가지 바이러스 유형들은 지구상에 존재하는 일억 가지 바이러스 유형들의 작은 일부에 불과하다. 대다수 바이러스는 사실 우리의 존재 자체에 꼭 필요하다."

"이 '좋은' 바이러스의 수는 깜짝 놀랄 만큼 많다. 생산적인 호수나 강에는 종종 일 밀리리터당 일억 개나 된다. 이는 티스푼의 4분의 1 면적에 호주 인구를 집어넣은 것의 네 배도 넘는다. … 바이러스는 살아있는 유기체가 아니다. 바이러스는 기생충처럼 행동하는, 단백질에 포함된 유전자 물질이다. 그것들은 표적 세포(숙주)에 붙고, 유전자 물질을 투입하고, 숙주 세포의 대사 경로를 이용해 스스로를 복제한다. … 그리고 새로운 바이러스들이 세포에서 벗어나고, 세포는 폭발하면서(용해하면서) 수백 개의 바이러스를 방출한다."

"그것은 높은 박테리아 성장과 생태계를 계속 작동하게 하는 바이러스 감염의 조합이다. … 그런즉 바이러스는 무기 영양소 재순환의 중요한 일부이다. 그래서 바이러스는 미세하고 하찮게 보이지만 사실상 먹이 그물을 통한 영양소 재순환에서 필수적인 세계적 역할을 수행한다. 우리는 이제야 바이러스들이 우리의 생존에 얼마나 긍정적 영향을 미치는지를 이해하기 시작했을 뿐이다."

"분명한 사실 하나는 바이러스들이 우리의 가장 작은 무명의 영웅들이란 것이다."[24]

이와 비슷하게, 펜실베이니아 주립 대학교의 바이러스 생태학자 마릴린 루싱크는 "바이러스는 더 나은 평판을 받을 자격이 있다"라는 글에서 이렇게 말한다. 바이러스는 생명에 필수적이고, 그 가운데 기껏해야 일 퍼센트만(높은 추산)

병원성이 있다 – 즉, 숙주에 해롭다 – 는 것이다.

요컨대, 바이러스들은 대체로 유익하고 아주 작은 비율만 Covid-19처럼 인간에게 해롭다. Covid-19는 흔한 감기, 인플루엔자, 폐렴을 비롯한 호흡기 질환들에 책임이 있는 큰 코로나바이러스 과(科)의 하나이다.

이는 지진의 경우와 매우 비슷하다. 지질학자 피터 워드와 천문학자 도널드 브라운리(워싱턴 주립 대학교)가 쓴 책『레어 어스』(*Rare Earth*)에 "판구조(Plate Tectonics)의 놀라운 중요성"이란 제목이 달린 장(章)이 있다.[25] 그 주장인즉, 만일 판상 지각 표층이 움직이길 멈춘다면 지구상에서 생물이 대규모로 멸종될 것이라고 한다. 몇 가지 이유가 있다. 판구조는 여러 대륙의 형성 및 땅(산들)과 바다 간의 균형 유지에 필수적이다. 그것은 또한 이산화탄소의 일정한 평형 수준을 유지하는데 필수적인 화학물질을 재순환시킴으로써 세계적인 온도 조절 장치의 역할을 한다.

그뿐만 아니라 판구조는 지구의 자기장(場)을 유지하고, 이는 지구를 생명에 치명적일 우주선(線)으로부터 보호한다는 것이 두 저자의 주장이다. 그들은 이런 결론을 내린다. "판구조는 한 행성에서의 삶에 핵심적인 필요조건인 듯하고, 세계에 물을 계속 공급하는데 필요한 것 같다."

따라서 바이러스와 지진은 생명의 필수조건인 것처럼 보인다. 창조주 하나님이 존재한다면 그분에게 당연히 양자의 존재에 대한 궁극적 책임이 있다.

하지만 양자는 도대체 왜 존재해야 하는가? 코로나바이러스 팬데믹은 그저 동식물이 행하는 일을 행할 뿐이라고 말하는 것으로 충분치 않다. 이 이상의 무엇이 있는 것이 틀림없지 않은가?

대다수 바이러스는 유익하고 일부는 생명에 필수적이란 과학의 증거를 인정하더라도 어째서 파괴적인 병원균이 존재해야 하는가? 유신론자들의 핵심 질문은 "하나님은 바이러스 병원균이 없는 세상을 만들 수 없었을까?"라는 것이다.

이와 비슷한 여러 질문을 던질 수 있다. 하나님은 위험하지 않은 전기나 타지 않는 불을 만들 수 없었을까? 하나님은 포식이 없는 유기적 세계를 만들 수 없었을까? 하나님은 결코 고장 나지 않는 생명과 항상 유익한 바이러스를 만들 수 없었을까? 하나님은 결코 그릇된 길을 가지 않는 피조물을 만들 수 없었을까? (코로나바이러스가 심각하지만 이 바이러스는 금년에 사람이 사람을 죽이는 만큼 사람을 죽이진 않을 것이다.)

인간의 본성

이 가운데 마지막 질문이 그나마 답변하기가 좀 더 쉬운 것 같다. 답변은 "그렇다"이다. 사실 하나님은 결코 도덕적 악을 저지르지 않는 것들을 만드셨다. 예컨대, 동물들은 도덕적 존재가 아니다. 사자가 동물원지기에게 상처를 입혀도 살인죄로 기소되지 않는다. 무(無)도덕적 피조물이기 때문이다.

하나님은 자동적으로 내장된 프로그램을 따르는 로봇의 세계를 만들 수도 있었다. 그런 세계는 우리 인간을 포함하지 않았을 것이다. 악의 가능성이 없는 세계에 거주하길 바라는 사람은 사실상 존재하지 않길 바라는 셈이다. 하나님이 우리에게 주신 가장 큰 선물의 하나는 바로 자유의지이다. 우리는 예 또는 아니오 라고 말할 수 있고, 이런 역량은 사랑과 신뢰, 하나님과 인간 그리고 인간 상호간의 진정한 관계 등 놀라운 것들을 활짝 열어준다. 그런데 바로 그 놀랍고 좋은 역량이 우리로 악을 행할 수 있게 한다. 비록 악을 행해도 좋다고 허락하지는 않아도.

이는 매우 중요한 점이다. 신학자들은 하나님의 허용적인 뜻 – 하나님이 악이 가능한 우주를 창조하셨다는 사실 –

과 하나님의 법령적인(또는 지시적인) 뜻 - 하나님이 실제로 행하시는 것들 - 을 구별한다. 신약성경은 하나님이 결코 악의 창시자가 아니라고 분명히 밝힌다. 하나님이 만드신 세계에서 악은 가능하지만 악이 그분의 의도는 아니라고 한다.[26]

말하자면, 인간은 어느 정도의 독립성을 갖고 있어서 그릇된 행위를 할 수 있다. 리처드 도킨스는 고(故) 스티븐 호킹처럼 우리가 결정론적 우주에 살고 있다고 생각한다. 그렇지 않다.[27] 하나님은 인간에게 선택권을 주셨고, 그분은 여전히 주권자이다. 성경은 이 둘 모두 명백히 선언한다. 크리스천들은 그 작동방식에 대해선 의견이 분분하지만, 이는 여기서 다룰 문제가 아니다. 여기서는 다음 몇 가지를 언급하는 것으로 충분하겠다. 하나님은 코로나바이러스 때문에 놀라지 않는다는 것, 그분은 그런 악을 통해서도 선을 이룰 수 있다는 것, 그분의 계획은 코로나바이러스 때문에 좌절되지 않는다는 것이다. 비록 이런 위기에 직면한 우리로서는 이런 사항을 받아들이기가 무척 어렵지만 말이다. 이와 동시에, 우리는 이 위기와 서로에게 반응하는 방식에 대해 책임을 져야 한다. 하나님이 우리에게 그런 자유를 주셨기 때문이다.

우리는 일이 잘못될 수 있는 세상, 인간이 악(또는 선)을 선택할 수 있는 세상에 살고 있다. 세상은 왜 그럴까? 성경의 답변은 이렇다.

사물은 왜 이런 상태인가?

이렇게 생각해보라. 하나님이 인간을 창조해 '매우 좋은' 창조 세계에 살게 하셨을 때 그들에게 자유의지란 놀라운 선물을 주셔서 도덕적 존재가 되게 하셨다. 그 때문에 그 자유를 오용해서 도덕적 붕괴가 일어날 가능성이 생겼다. 그리로 실제로 그런 일이 발생했다. 이는 창세기 3장에 생생하게 묘사되어 있다.

창세기 3장에 따르면, 인간의 불순종은 생명의 본질과 죽음의 가능성을 둘러싼 하나님과의 근본적인 의견불일치 때문에 발생했다. 하나님은 최초의 인간인 아담과 하와에게, 만일 그들이 선악과를 따먹으면 ─ 그분이 그들에게 금지한 행위를 하면, 그들이 독자적으로 그분께 불순종하면 ─ 그들이 확실히 죽을 것이라고 명백히 경고하셨다.(창세기 2:17)

여기서 우리는 그 과일의 본질을 논의하거나 어떤 속성을 가졌길래 그것을 먹으면 선과 악에 대한 지식이 생기는

지에 대해 논할 필요가 없다. 이런 식으로 해석하면 그 이야기의 취지를 놓치게 된다. 우리의 창조주이자 이 세계의 통치자의 뜻과 말씀에 상반되는 행위라면 – 어느 나무의 과실을 먹든, 무슨 동기로 무슨 행위를 하든 – 그것은 곧 불법이다. 그것은 창조주의 뜻에 맞서 피조물의 뜻을 주장하는 사고의 틀이다. 이는 창조주를 옆으로 제쳐놓고 본인의 이기적인 이익의 추구와 인생관을 모든 것의 중심에 놓는 것이다. 이것이 '죄'의 본질이다.

그리고 하나님이 그 인간들에게 경고했듯이, 죄는 자동적으로 죽음을 초래한다. 신체적인 유쾌함 또는 미적 즐거움 그 자체는 아무런 문제가 없다. 도덕적 지혜와 지식을 얻는 것도 마찬가지다. 그러나 이런 것들이 인생의 총합이라고 생각하는 것 – 우리가 그런 것을 즐길 수 있는 한, 하나님과 상관없이 독자적으로 또 그분의 말씀에 거역하여 최대한 인생을 즐길 수 있다고 생각하는 것 – 은 근본적이고 비극적인 착각이다. 하나님은 우리가 즐기는 모든 좋은 것의 원천이실 뿐 아니라 우리에게 주시는 모든 좋은 선물에 궁극적 의미를 부여하시는 최고의 선(善)이시다.

창세기 3장은 인간이 하나님을 배척하고 죄가 세상에 들어온 사건을 묘사한다. 이는 엄청난 결과를 낳았다. 첫째는 죽음이다. 먼저는 인간과 하나님의 관계가 깨어진 영적인 의미의 죽음이었고 나중에는 육체적인 죽음이었다.

더군다나, 자연 그 자체도 그 동일한 사건에 의해 금이 갔다. 이는 곧장 우리의 주제로 돌아가게 한다. 창세기에 따르면, 인간들이 반역해서 하나님의 존전을 떠나야 했지만 하나님 아래서 땅을 관리하는 역할에서 즉시 추방되진 않았다. 지구의 잠재력을 개발하는 일은 계속 수행하도록 허용되었다. 이와 동시에 "피조물이 허무에 굴복했지만, 그것은 자의로 그렇게 한 것이 아니라, 굴복하게 하신 그분이 그렇게 하신 것입니다."(로마서 8:20)[28]

여기서 '허무'라는 단어는 본래 설계될 때의 목적을 달성하지 못했다는 뜻이다. 피조물이 "자의로 그렇게 한 것이 아니라 굴복하게 하신 그분이 그렇게 하셨다"는 말은 아담의 죄 때문에 하나님이 땅에 부은 저주를 가리킨다.

"이제 땅이 너 때문에 저주를 받을 것이다. 너는 죽는 날까지 수고를 하여야만, 땅에서 나는 것을 먹을 수 있을 것이다. 땅은 너에게 가시덤불과 엉겅퀴를 낼 것이다. 너는 들에서 자라는 푸성

귀를 먹을 것이다."(창세기 3:17~18)

이는 인간과 창조주 간 관계의 파열이 인간들 자신보다 더 넓은 결과를 초래했다는 것이다. 한 배를 타면서도 올바로 노젓기를 거부하는 사람은 그들 자신뿐만 아니라 다른 모든 사람에게도 영향을 미칠 것이다. 어쩌면 배 자체를 손상시킬지도 모른다. 이와 비슷하게, 인류가 그들에게 주어진 장소에 있기를 – 하나님을 알고 그분의 법에 따라 창조세계를 즐기는 것 – 거부했다는 것은 곧 하나님의 좋은 창조세계가 결함이 생기고 금이 갔다는 것을 의미했다.

물론 오랜 세월에 걸쳐 지구와 그 자원의 개발에 굉장한 진보가 있었다는 것은 틀림없는 사실이다. 하지만 성공은 완성된 적이 없다. 한 때 번성했다가 지금은 몰락한 문명들을 보라. 거듭해서 자연은 가시덤불과 엉겅퀴, 고역, 페스트, 질병, 유행병, 가뭄, 기근, 지진, 화산 등으로 인간의 진보를 깨뜨리고 방해했다. 아울러 이기심과 탐욕과 도덕적 타락으로 인한 파괴적 세력들도 합세했다.

선과 악을 나누는 선

우리 중에 누구도 마치 우리와 동떨어진 현상의 구경꾼처럼 세상의 악과 고통의 문제를 정직하게 논의할 수 있는 사람은 없다.

스탈린의 강제 노동 수용소에서 살아남은 러시아 작가 알렉산드르 솔제니친은 이렇게 썼다.

"그 문제가 그토록 단순하기만 하다면! 남몰래 어디선가 악행을 범하는 악한 사람들이 있어서 그들을 그 나머지로부터 분리시켜 파멸시키는 일만 필요하다면. 그러나 선과 악을 나누는 선은 각 인간의 마음을 가로지른다. 그리고 누가 자기 마음의 한 조각을 파괴시키고 싶겠는가? 모든 가슴의 일생 동안 이 선은 계속 위치를 바꾼다. 때로는 날뛰는 악에 의해 한쪽으로 밀려나고 때로는 선이 번성하도록 충분한 공간을 허용한다. 동일한 인간이 다양한 환경 아래서 연령대에 따라 전혀 다른 인간이 된다. … 그러나 그의 이름은 바뀌지 않고, 그 이름으로 우리는 선과 악 등 모든 것을 돌린다."[29]

솔제니친은 우리 모두가 직관적으로 아는 것을 공개적으

로 말할 준비가 되어 있었다. 창조세계와 인류 안에 선과 악이 있듯이 우리 각자 속에도 선과 악이 있다는 것이다. 우리 역시 그 문제의 일부이다.

무신론 철학자 존 그레이는 여기서 뜻밖의 지지를 보낸다.

"기본적으로 필요한 것은 인간을 이상하게도 폭력과 억압의 역사를 짊어진 본래 선한 피조물로 보는 지배적인 견해를 바꾸는 일이다. 여기서 우리는 현실주의의 매듭, 현실주의가 제시하는 지배적인 의견의 주된 걸림돌에 도달한다. 바로 인간의 타고난 결함에 대한 주장이다."

"거의 모든 근대 이전 사상가들은 인간 본성이 고정되어 있고 결함이 있다는 것을 기정사실로 보았고, 다른 경우처럼 이로써 그들은 진실에 가까웠다. 어떤 정치 이론이든 인간 본성을 선천적으로 선량하거나 평화를 좋아하거나 합리적이라고 가정한다면 그 이론은 믿을 수 없다."[30]

이 무신론자는 창세기의 가르침, 즉 인간이 하나님을 반

역한 결과로 세상에 죄가 생겼다는 가르침을 지지하고 있는 셈이다.[31]

일단 우리가 결함이 있다는 사실을 이해하면, 도덕적 악의 문제에 대해 이렇게 좀 더 현실적으로 진술할 수 있다. "나는 악을 생각하고 행한다. 그런데 하나님이 존재한다면 왜 그는 나를 관용하는가?"

다른 질문

인간 본성과 물리적 자연 속에 심각한 결함이 있다는 것은 자명하다. 세상은 폭력적이고 부도덕한 인간 행위와 지진과 쓰나미, 암과 코로나바이러스 팬데믹으로 가득하다.

이제 우리는 선하고 자애롭고 전능한 하나님이 무슨 일을 했어야 했는지를 두고 끝없이 논쟁할 수 있다. 그러나 경험상 우리는 그런 토론의 결과에 만족한 적이 없다.

그 이유는 - 우리가 무슨 말을 하든지 - 우리는 바로 이곳에 있고 세상은 현 상태 그대로이기 때문이다. 우리는 파괴된 성당이 보여주는 그런 뒤섞인 모습에 직면해 있다. 즉, 햇볕을 받아 꽃이 피는 그 아름다움과, 인간의 호흡기를 파괴하는 코로나바이러스의 꼴사나움에 직면한 것이다.

나는 수학자라서 다음 사실에 익숙한 편이다. 우리가 때로는 수년 동안 어떤 문제를 풀려고 애썼다 성공하지 못하면 다른 문제를 고찰하는 편이 낫겠다고 생각하기 시작한다는 사실이다.

우리가 물을 만한 또 다른 질문이 있다. 우리가 몸담은 우주가 생물학적 아름다움과 치명적인 병원균의 모습을 다 보여준다는 것을 받아들인다면, 우리가 그에 따른 함의와 함께, 우리의 삶과 미래를 걸고 신뢰할 수 있는 하나님이 존재한다는 증거가 과연 있는가?

사랑의 증거

|

5장

우리가 하나님을 신뢰하려면 하나님의 성품이 선하다는 것을 보여주는 확실한 증거가 필요하다. 그러므로 나는 이 지점에서 당신에게 기독교의 핵심 가르침을 경청해보라고 권하고 싶다. 자연세계에 코로나바이러스나 다른 팬데믹, 질병이나 파열이 존재하기 때문에 하나님을 믿을 수 없다고 결론짓기 전에 이 가르침을 이해해보라고 요청하는 바이다.

기독교는 인간 예수 그리스도가 성육한 하나님, 즉 창조주가 인간이 된 존재라고 주장한다. 기독교 메시지의 핵심에는 예수 그리스도의 십자가 죽음이 있다. 이렇게 말하면

|

"예수가 성육한 하나님이라면 십자가 위에서 무엇을 하고 있었는가?"라는 질문이 생긴다. 최소한 이렇게 답변할 수 있다. 하나님은 인간의 고통과 고난에서 동떨어져 계시지 않고 친히 그 고통을 체험하셨다는 뜻이라고.

그런즉 크리스천은 고통과 고난과 코로나바이러스의 문제를 해결한 사람이라기보다 친히 고난을 겪은 하나님을 사랑하고 신뢰하게 된 사람이다.

그런데 이것은 이야기의 반쪽일 뿐이다. 만일 그 고난이 예수 생애의 끝이었다면, 우리는 그 고난에 대해 결코 듣지 못했을 것이다. 그러나 끝이 아니었다. 첫 부활절에 예루살렘을 왁자지껄하게 만든 메시지 – 1세기 세상을 사로잡은 메시지 – 는 예수께서 죽음을 정복했다는 소식이었다. 그분이 죽음에서 부활했고 장차 인류의 최후 심판자가 될 것이라는 소식.

이 사건의 중요성은 과대평가될 수 없다. 이는 무신론적 세계관이 감당할 수 없는 문제, 즉 궁극적 정의의 문제를 다뤄준다. 우리가 알고 있듯이, 역사상 수많은 인간이 끔찍한 불의에 시달렸고 비참한 인생을 산 뒤에 배상도 못 받고 죽었다. 이는 코로나바이러스의 일부 희생자에게도 해당될 것이다.

이 사람들은 이생에서 응보를 받지 못했다. 무신론에 따르면, 죽음이 끝이라서 정의가 실현될 수 있는 내생이 없다. 최후의 심판자가 없으면 궁극적 정의가 있을 수 없다.

그러나 부활은 정의가 환상이 아니고 정의를 바라는 열망은 헛되지 않다고 선언한다. 학대자들, 테러리스트들, 악한 남자와 여자들은 언젠가 재판에 회부될 것이다. 내가 무신론자들에게 이렇게 말하면, 우리가 할 일은 이 세상의 정의를 위해 일하는 것이라고 그들이 말하곤 한다. 물론 나도 동의한다. 정의를 위해 일하는 것은 크리스천의 의무이다. 그러나 이것은 궁극적 정의의 문제를 해결하는데 조금도 기여하지 못한다고 내가 그들에게 지적한다. 무신론은 아무것도 모른다. 우리의 도덕의식에 어긋나는 신념이다.

이와 반대로 성경적 견해는 궁극적 정의를 매우 중요시한다. 하나님은 도덕법 배후의 권위자이시고, 그분이 장차 도덕법의 옹호자가 될 것이다. 따라서 장차 최후의 심판이 있을 터이고, 그때에는 지구의 처음부터 끝까지 행해진 모든 불의에 대해 완전한 정의가 실현될 것이다. 정의는 조롱거리가 아니다.

사도 바울이 아테네의 아레오바고 회의에서 철학자들에게 강연하면서 예수가 죽은 자들 가운데서 살아나서 세상의 심판자로 임명되었다고 말했다. 이는 결국 인간의 속 깊은 의문들에 대한 궁극적 답변이 있을 것임을 보장하는 것이다.[32] 인간에게는 정의가 실현되길 갈망하는 마음이 있다. 그러나 또한 궁극적 정의의 메시지에 부정적으로 반응하는 성향도 있는데, 이는 하나님 앞에서 우리의 입장에 대한 문제를 제기하기 때문이다. 어떤 이들은 도덕적 악에 항의하고 하나님이 개입하지 않는 것을 탓하면서도 "나는 그런 하나님은 믿을 수 없다"고 말한다! 하나님의 장래 심판에 대한 우리의 자연스런 반응에 문제가 있는 것이다. 하나님의 개입을 환영하지만 우리의 삶이 아닌 타인의 삶인 경우에만 그렇다는 태도이다.

문제는 우리가 타인의 속에 있는 악은 보지만 우리 속에 있는 악은 못 본다는 것. 그래서 하나님이 마땅히 하실 일에 대해 생각할 때 우리 주변의 악한 사람들은 제거하되 우리는 제거하면 안 된다는 견해를 견지하는 것이다. 어쨌든 우리는 그만큼 나쁘지는 않으니까.

하지만 성경은 "모든 사람이 죄를 범하였습니다. 그래서 사람은 하나님의 영광에 못 미치는 처지에 놓여 있습니다"[33] 라고 가르친다. 우리 가운데 하나님의 도덕적 표준은커녕 우리 자신의 도덕적 표준을 다 지킨 사람은 하나도 없다. 십계명이 이 사실을 너무나 분명히 말해준다.[34] 그러므로 우리 모두는 우리와 하나님 사이에 있는 죄와 죄책의 문제에 대한 해결책이 필요하다.

기독교에 따르면, 그 해결책 역시 예수의 십자가와 부활 안에 있다. 이 두 사건은 악과 고통의 문제를 다루는 방법과 정의의 문제에 대한 해결책을 제공하는데 그치지 않는다. 양자는 '예수'라는 이름의 무슨 뜻인지를 보여준다. "너는 그 이름을 예수라고 하여라. 그가 자기 백성을 그들의 죄에서 구원하실 것이다"(마태복음 1:21). 예수의 죽음과 부활 때문에, 자신의 악은 물론 인간의 고통과 고난의 유발에 일조한 것을 회개하는 사람은 – 예수를 자기의 주님으로 신뢰하는 사람 – 은 용서를 받게 된다. 또한 우주를 창조해서 지탱하시는 인격적인 하나님과의 평화, 새로운 능력을 지닌 새로운 삶, 장차 고통이 없는 세계에 대한 약속을 선물로 받는다. 이 점에서는 기독교와 경쟁할 만한 철학이나 종교가 없다. 예수가 아닌 어느 누구도 우리에게 용서와 하나님과의 평화를 제공하지 못하기 때문이다.

그런즉 크리스천은 고난의 문제를 해결한 사람이 아니라 그들을 위해 고난당하신 하나님을 사랑하고 신뢰하게 된 사람이다.

두 개의 왕관

이것은 재앙과 팬데믹에 대처하는데 어떤 도움을 주는가?

코로나바이러스에서 '코로나'는 왕관을 닮았기 때문에 붙여진 이름이다. 왕관은 권력과 권위의 상징이다. 이 바이러스는 우리 인간에 대해 어마어마한 힘을 갖고 있는 게 사실이다. 맨 눈에는 안 보이지만 수백만, 아니 수억 명에게 미친 영향력을 생각해보라.

이는 또한 우리의 취약성을 상기시켜준다. 우리 인간은 죽을 운명임을 잊기가 쉽다. 코로나바이러스는 우리와 창조세계의 관계, 창조세계와 우리의 관계가 비틀어져 있음을 보여주는 증거이다. 그리고 이것은 우연한 일이 아니다.

그러나 또 다른 코로나에 희망이 있다. 예수가 처형되기 전 재판을 받을 때 그의 머리에 쓰였던 가시면류관이다.

그 코로나는 피조물과 창조주 간의 단절이 얼마나 깊은 지를 보여준다. 지구는 하나님의 창조물이지 우리의 것이 아니다. 우리는 지구의 주인이 아닌데도 주인이 되려고 한다. 우리는 세입자와 청지기일 뿐이고 그것도 결함이 많은 존재들이다. 우리가 지구에 행한 짓은 말할 것도 없고 우리의 삶과 심지어 타인의 삶까지 엉망으로 만들었다. 인간에게는 두 개의 낙원이 있을 수 없다. 하나는 하나님과 교제하는 곳이고, 다른 하나는 하나님이 없는 곳으로 생각할 수 없다는 뜻이다. 코로나바이러스는 우리가 지구에서 완벽한 세상을 만들 수 있다는 환상을 빠르게 부수고 있다. 그리고 우리의 미지근하고 안일한 반응을 두려움과 좌절과 분노로 바꾸는 중이다.

인간의 죄로 인해 손상된 세계에서는 고통과 고난을 피할 수 없다. 코로나바이러스가 지구촌에서 날뛰기 전에는 이 현실이 가려져 있었던 것 같다. 이제는 우리가 이 현실을 무시할 수 없고 삶과 죽음에 관한 큰 질문도 외면할 수 없다. C. S. 루이스는 이런 말을 했다.

"우리는 즐거움조차 무시할 수 있다. 그러나 고통은 주목해달라고 떼를 쓴다. 하나님은 우리가 즐거울 때는 속삭이시고, 우리의 양심에 말씀하시지만, 우리가 고통스러울 때는 외치신다. 고통은 귀먹은 세상을 일깨우기 위한 그분의 확성기이다."[35]

코로나바이러스는 큰 확성기의 역할을 하고 있는지 모른다. 우리 각자는 예외 없이 죽는다는 엄연한 진실을 상기시켜주는 확성기. 이 확성기 덕분에 우리가 오랫동안 무시했던 하나님을 바라보게 된다면, 우리가 그분 자신과 관계를 맺게 되고 죽음 너머 깨어지지 않은 세상에 들어가게 된다면, 코로나바이러스는 그 엄청난 파괴력에도 불구하고 건강한 목적을 이룬 셈이 되리라.

크리스천은 어떻게 반응할 것인가?

|

6장

그러면 크리스천은 이 팬데믹에 어떻게 반응해야 할까? 몇
가지 차원으로 답변할 수 있겠다.

지침을 따르라

첫째, 실제적 차원에서 최상의 의료적 충고를 따르는 것
이 현명하다. 일부 방송이 그랬던 것처럼, 그 충고가 일관성
이 없거나 헷갈릴 때는 문제가 생긴다.

바이러스의 확산을 줄일 목적으로 가장 취약한 사람들,

|

특히 노인과 심장 및 호흡기 계통에 기저 질환이 있는 사람들을 위해 격리조치를 도입했다. 흥미롭게도, 고대 성경 시대에 이스라엘 백성도 전염병의 확산을 막기 위해 격리의 필요성에 관한 지침을 받았다. 구약의 레위기는 어떤 질병들에 대해서는 칠일 동안 격리하도록, 다른 질병들에 대해서는 무한정 격리하도록 처방했다.[36]

의료적 충고에 기초한 이런 반응은 물론 불신의 증거가 아니다. 하나님은 우리를 보호하고 또 치유할 수 있지만, 우리가 현명해서 의료를 비롯해 그분이 우리에게 주신 모든 자원을 사용하길 기대하신다. 그리고 사회적 거리 두기는 이기심의 표출이 아니라 이웃을 보호할 만큼 그들을 사랑하는 방법이다.

이웃을 사랑한다는 것은 또한 비교적 안전한 사람들이 (환경과 규정이 허락하는 한) 취약한 이들을 방문해서 쇼핑을 돕고 필요한 동반자가 되어주는 것을 의미한다.

올바른 관점을 가져라

C. S. 루이스는 언젠가 크리스천이 핵무기에 어떻게 반응해야 할지에 관해 훌륭한 글을 썼다. 그 글을 여기에 실으면

서 나는 괄호 속에 '코로나바이러스', '바이러스', 또는 '팬데믹'을 삽입해서 우리의 상황에 적용하려고 시도했다.

"한편으로 우리는 핵폭탄[코로나바이러스]에 관해 너무 많이 생각한다. '우리는 핵무기[팬데믹] 시대에 어떻게 살아야 할까?' 나는 이렇게 대답하고 싶어진다. '왜 그런가? 당신이 거의 매년 역병이 런던을 엄습했던 16세기에 살았기를 바라듯이, 또는 당신이 스칸디나비아 습격자들이 상륙해 언제든 당신의 목을 자를 수 있었던 바이킹 시대에 살았기를 바라듯이 말이다. 아니 당신은 이미 암의 시대, 매독의 시대, 중풍의 시대, 공습의 시대, 철도 사고의 시대, 자동차 사고의 시대에 살고 있지 않은가.'"

"달리 말해, 이것이 전혀 새로운 상황인 것처럼 과장하는 말로 시작하지 말자. 친애하는 신사 숙녀 여러분, 나를 믿어 달라. 당신과 당신이 사랑하는 모든 사람은 핵폭탄[코로나바이러스]이 발명되기 전에 이미 사형 선고를 받은 상태이고, 우리 중 꽤 높은 퍼센트가 달갑잖은 방식으로 죽을 것이었다. 우리는 진정 우리 조상들에 비해 매우 큰 이점을 갖고 있었다. 마취제다. 지금도 갖고 있다. 이미 고통스럽고 조숙한 죽음을 맞이할 확률이 많고 죽음 자체가 확률이 아닌 확실한 세상에서 과학자들[코로나바이러스]이 또 하나의 죽음의 확률을 더했기 때문에 애처로이 울먹이며 우울해지는 것은 실로 우습기 짝이 없다. "

"이것이 첫 번째 논점이다. 우리가 취할 첫 번째 행동은 마음을 가다듬는 것이다. 만일 우리가 핵폭탄[코로나바이러스]에 파멸될 것이라면, 그 폭탄[바이러스]이 올 때 우리가 무서워하는 양 떼처럼 다함께 웅크리며 폭탄[바이러스]에 대해 생각하는 모습이 아니라, 현명하고 인간다운 행동 – 기도하기, 일하기, 가르치기, 읽기, 음악 듣기, 자녀를 목욕시키기, 테니스 치기, 맥주를 마시고 다트 게임을 하면서 친구들과 얘기하기 등 – 을 하는 모습을 보이도록 하자. 핵폭탄이 우리의 몸은 부술지 몰라도(세균도 그럴 수 있다) 우리의 정신을 지배할 필요는 없다."[57]

이는 만만찮은 글이지만 기독교 신앙이 우리에게 다른 관점을 준다는 점을 상기시켜준다.

네 이웃을 사랑하라

셋째, 우리는 사랑하라는 부르심을 받았다. 앞에서 가장 초창기의 팬데믹들 몇 개를 살펴보았다. 그런데 우리는 크리스천 공동체가 그런 위기에 어떻게 반응했는지도 알고 있다. 최근 가족연구소의 연구원 리맨 스톤은 "기독교는 지난 이천 년 동안 유행병을 다뤄왔다"는 글에 이렇게 썼다.

"역사학자들은 로마 제국의 4분의 1을 죽일 뻔했던 2세기의 안토니우스 역병이 기독교의 확산을 초래했다면서, 크리스천들이 병자를 돌보고 역병은 변덕스럽고 화난 신들의 작업이 아니라 사랑의 하나님에 반역한 깨어진 창조 세계의 산물임을 보여주는 영적 모델을 제공해서 그랬다고 한다."

"그러나 더 유명한 유행병은 키프로스 역병으로, 이는 설교에서 이 질병을 다채롭게 설명한 주교의 이름을 딴 것이었다. 에볼라와 관련된 질병으로 보이는 키프로스 역병은 로마 세계에서 3세기의 위기를 유발하는데 일조했다. 그런데 또 다른 역할도 했다. 기독교의 폭발적인 성장을 촉발한 것이다. … 키프로스의 설교는 크리스천들에게 역병의 희생자들(천국에 사는)에 대해 슬

퍼하지 말고 살아있는 자를 돌보는 노력을 배가하라고 했다. 그의 동료 주교 디오니시우스는 크리스천들이 '위험에 아랑곳하지 않고 … 병자의 모든 필요를 채우는 등 그들을 도맡은 모습'을 묘사했다."[38]

역병에 대한 크리스천의 반응을 주목한 것은 신자들만이 아니었다. 한 세기 후, 이방인 황제 줄리안은 '갈릴리인들'이 비기독교인 병자들까지 돌본다고 비통하게 불평하곤 했고, 교회 역사가 폰티아누스는 크리스천들이 '믿음의 가족뿐만 아니라 모든 사람에게 선행을 베풀도록'[39] 확실히 했다고 말한다. 사회학자이자 종교 통계학자인 로드니 스탁은 크리스천 공동체들이 있는 도시들의 사망률이 다른 도시들의 절반밖에 되지 않았을 것이라고 주장한다.[40]

이런 희생적인 돌봄의 행습은 역사 내내 재등장하곤 했다. 1527년 페스트가 독일의 비텐베르크를 덮쳤을 때 마르틴 루터(종교개혁의 창시자)는 도망쳐서 스스로를 보호하라는 요청을 거부했다. 오히려 남아서 병자를 돌보았다. 도망치지 않은 바람에 딸 엘리자베스가 죽는 불행을 겪었다. 루터는 또한 "크리스천은 역병에서 도망쳐야 하는가"라는 팸플

릿을 만들어 역병에 대한 크리스천의 바람직한 반응에 대해 뚜렷하게 진술했다.

"우리는 우리의 임지에서 죽는다. 크리스천 의사들은 그들의 병원을 버릴 수 없고, 크리스천 관리들은 그들의 구역에서 도망칠 수 없고, 크리스천 목사들은 그들의 회중을 버릴 수 없다. 역병이 우리의 의무를 용해시키지 않는다. 오히려 우리의 의무를 우리가 죽을 준비를 해야 할 십자가로 돌린다."

스톤은 다음과 같은 대목으로 결론을 내린다.

"위생을 중시하는 크리스천의 동기는 자기보존이 아니라 이웃을 섬기는 윤리에서 나온다. 우리는 고통 받는 자를 돌보고 싶다. 이는 무엇보다도 건강한 자를 전염시키지 않는 것을 뜻한다. 초기 크리스천들은 역병의 시기에 돌봄을 제공하는 위생적인 장소로 유럽 최초의 병원들을 설립했다. 그 바탕에는 부주의해서 질병을 더욱 확산시키는 것은 살인이라는 생각이 있었다."

이렇게 말한다고 해서 우리는 전염병의 확산을 줄이기

위해 제정된 규율을 무시하고 우리 자신(과 타인)을 불필요한 위험에 노출시켜야 한다는 뜻은 아니다. 특히 우리가 자가격리를 실천해야 하거나 봉쇄된 지역에 있는 경우에는 더욱 그렇다. 오히려 우리는 스스로 대가를 지불하면서도 어떻게 타인을 사랑할지 그 방법을 찾아야 한다는 말이다. 하나님도 자기 아들을 십자가에 죽게 하심으로 우리 크리스천을 사랑하셨기 때문이다. 우리 이웃을 사랑한다는 것은 또한 이기적으로 식품과 필수품 사재기에 나서 우리 이웃이 필요한 것을 구하지 못하게 하는 일을 도모하지 않는 것을 뜻한다.

영원을 기억하라

이 덕분에 그동안 잊고 지내던 기독교 유산의 한 측면을 들여다보게 된다. 넷째, 크리스천은 영원에 대해 기억할 필요가 있다. 초기 크리스천들이 온갖 위협에 둘러싸여 위험한 세상, 평균 수명이 비교적 짧았던 시대에 살면서도 그처럼 희생적으로 살고 타인의 안녕에 기여할 힘을 얻었던 것은 무덤 너머를 바라보는 산 소망이 있었기 때문이다.

C. S. 루이스는 이에 대해 언젠가 당시만큼이나 오늘날에

도 시의적절한 글을 썼다.

"천국에 대해 아무 말도 하지 않는, 고난에 관한 책은 그 논술의 거의 한쪽 전체를 빠뜨리고 있다."

"성경과 전통은 습관적으로 이 땅의 고난에 대비해 천국의 기쁨을 저울에 올려놓기 때문에, 그렇게 하지 않는 고통 문제의 해결책은 기독교적인 것으로 불릴 수 없다. 요즘은 천국을 언급하는 것조차 무척 조심하는 편이다. 우리는 '그림의 떡'에 대한 조롱을 우려한다...그러나 '그림의 떡'이 있든지 없든지 둘 중 하나다...만일 없다면, 기독교는 거짓이다. 이 교리가 기독교의 모든 구조에 내장되어 있기 때문이다. 만일 있다면, 이 진리도 다른 여느 진리처럼 우리가 직면하지 않으면 안 된다…"[41]

사도 바울은 장래에 관한 그의 신념과 확신을 언급하기를 부끄러워하지 않았다.

"현재 우리가 겪는 고난은 장차 우리에게 나타날 영광에 견주면 아무것도 아니라고 나는 생각합니다. … 나는 확신합니다.

죽음도, 삶도, 천사들도, 권세자들도, 현재 일도, 장래 일도, 능력
도, 높음도, 깊음도, 그 밖에 어떤 피조물도, 우리를 우리 주 예
수 그리스도 안에 있는 하나님의 사랑에서 끊을 수 없습니다."

(로마서 8:18, 38~39)

이는 어느 철학자가 서재의 안락의자에 앉아 느긋하게
한 말이 아니라 가장 거칠고 험한 인생 경험을 겪은 사람의
말이다. 바울은 자주 부당하게 매질과 투옥을 당했고, 때로
는 죽은 상태인 것처럼 방치되었고, 많은 궁핍과 역경을 겪
었던 사람이다.

이따금 나도 바울처럼 그 영광스런 하늘은 어떤 모습일
지 상상하곤 한다. 그래서 이런 질문이 떠오른다. 만일 현
재 보이는 세계와 보이지 않는 세계를 나누는 베일이 잠시
갈라져서 우리가 이제껏 죽은 사람들 – 부도덕적 정부, 반
군 지도자, 마약 왕이 저지른 끔찍한 악행에 고통당한 수많
은 무고한 크리스천들, 또는 자연 재앙과 팬데믹의 희생자
들 – 의 현 상태를 볼 수 있다면, 우리가 아는 예수 그리스
도의 성품에 비춰볼 때 하나님의 섭리에 관한 우리의 모든
염려가 순식간에 사라질 수 있을까? 우리는 아직 저 세상에

도달하지 않았지만 그로부터 오는 그 세상에 관한 메시지를 갖고 있다. 이 바이러스에 감염된 세상, 불안에 떠는 세상이 절박하게 들을 필요가 있는 메시지다.

등반

그런데 내가 누구이길래 그런 것에 관한 글을 쓰는가? 이 글을 읽는 사람 중의 일부, 어쩌면 다수가 최근에 사랑하는 사람을 잃었을 수 있다는 사실을 나도 뼈저리게 인식하고 있다. 당신이 "그는 그런 고통에 대해 무엇을 알지?"하고 생각할지 모르겠다. 물론 고통에 대해 나보다 훨씬 많이 알고, 이해심도 더 크고, 또 고통에도 불구하고 희망이 있다고 확신시켜줄 만한 사람들이 있다. 나는 『내가 모든 것을 선택한다』(*I Choose Everything*) — 유잔 모스(남아공)와 마이클 웬함(영국)이 고통의 여정을 묘사한 책 — 는 훌륭한 책의 일부를 인용하는 것으로 이 책을 마감하고 싶다. 둘 다 불치병(루게릭병)에 시달리고 있고 서로 이메일로 만났을 뿐이다.

유잔은 그 여정을 등산에 비유한다. 그녀는 솔직하고 용기 있게 하나님이 그녀를 지탱시킨 경위를 쓰고 있다.[42]

"나는 약 15년 동안 내 산을 등반해왔다. 그 기간 대부분은 하나님이 나를 준비시키고 계심을 알고 있던 산의 기슭에 세운 베이스캠프에서 보냈다. 나는 항상 등반하길 두려워하며 베이스캠프가 나의 목표라고 생각했다. 나는 정상까지 오를 수 있다고 생각하지 않았는데, 하나님은 나의 질병을 통해 그것은 내 문제 또는 내 능력의 문제가 아니라는 것을 보여주셨다. 그것은 항상 그분의 문제였다. '나에게 힘을 실어주고 내 길을 완전하게 만드는 분은 하나님이다. 그분은 내 발을 사슴의 발처럼 만드신다. 그분은 나에게 높은 곳에 설 능력을 주신다.'"[43]

"나는 마침내 베이스캠프를 떠나 오르기 시작했다. 하나님이 나를 위해 에베레스트를 선택하셨다. 결코 쉽지 않았고 내 발이 종종 미끄러졌다. 종종 피곤함을 느꼈고 때때로 더 나갈 수 없을 것만 같았다. 일부 구간은 매우 가파르고 내가 도무지 감당할 수 없었지만, 그분은 나에게 그분의 능력과 힘을 계속 보여주시고, 내가 피곤할 때는 거기에 계시다. '… 오직 주님을 소망으로 삼는 사람은 새 힘을 얻으리니, 독수리가 날개를 치며 솟아오르듯 올라갈 것이요, 뛰어도 지치지 않으며, 걸어도 피곤하지 않을 것이다.'"[44]

"내 등반은 거의 끝났다. 이제 내 산의 정상 가까이 있다고 생각한다. 등반가가 더 높이 오를수록 정상에 더 가까워지고 숨을 쉬기가 더 어려워진다. 고도가 높아질수록 산소량이 줄어들고 등반가는 고산병에 시달리게 된다. (인터넷에 따르면, '온건한 고산병의 증상은 흔히 두통, 숨 가쁨, 수면 장애, 식욕 상실, 구역질, 빠른 맥박이다.') 몸의 근육이 루게릭병의 진행에 따라 약해지고 숨쉬기에 필요한 근육도 약화된다. 나는 숨이 가쁘고, 일정한 두통을 겪고, 수면 장애를 경험하고 종종 아주 빠른 맥박을 느낀다. 그래도 우려하지 않는 것은 정상 가까이 있다는 것을 알기 때문이다. 등반이 이제 힘겨워지지만 나는 강행해야 한다. 내가 등반을 마쳤을 때 나를 기다리는 보상이 그 어떤 희생보다 훨씬 크기 때문이다. 모든 등산가에게 물어보라!"

"그래서 나는 여기에 서서 쳐다보고 있다. 끝이 보이고 내 가슴은 흥분에 들떠있다. 나는 다음과 같이 말할 수 있는 그날을 바라본다. '나는 선한 싸움을 다 싸우고, 달려갈 길을 마치고, 믿음을 지켰습니다.'"[45]

마지막 대목은 사도 바울의 글인데, 그는 이렇게 덧붙

였다.

"이제는 나를 위하여 의의 면류관이 마련되어 있으므로, 의로운 재판장이신 주님께서 그 날에 그것을 나에게 주실 것이며, 나에게만이 아니라 주님께서 나타나시기를 사모하는 모든 사람에게도 주실 것입니다." (디모데후서 4:8)

언젠가 예수님이 나타나실 것이다. 그날은 그분이 오래 전에 제자들에게 약속하신 날이다.

"나는 평화를 너희에게 남겨 준다. 나는 내 평화를 너희에게 준다. 내가 너희에게 주는 평화는 세상이 주는 것과 같지 않다. 너희는 마음에 근심하지 말고, 두려워하지도 말아라. 너희는 내가 갔다가 너희에게로 다시 온다고 한 내 말을 들었다. 너희가 나를 사랑한다면, 내가 아버지께로 가는 것을 기뻐했을 것이다. 내 아버지는 나보다 크신 분이기 때문이다." (요한복음 14:27~28)

"나는 너희에게 다시 온다"고 그분이 말씀하셨다. 그리고 이 글을 기록한 요한은 나중에 예수께서 그날 무엇을 갖고 오실지 들려주고 있다. 다름 아닌 새로운 창조이다.

"보아라, 하나님의 집이 사람들 가운데 있다. 하나님이 그들과 함께 계실 것이요, 그들은 하나님의 백성이 될 것이다. 하나님이 친히 그들과 함께 계시고, 그들의 눈에서 모든 눈물을 닦아 주실 것이니, 다시는 죽음이 없고, 슬픔도 울부짖음도 고통도 없을 것이다. 이전 것들이 다 사라져 버렸기 때문이다."(요한계시록 21:3b-4)

세상을 황폐하게 만든 코로나바이러스와 모든 역병이 사라질 것이다. 주 예수를 사랑하는 이들에게 주어질 의의 면류관은 결코 사라지거나 바래지지 않으리라.

팬데믹의 와중에 평안이라고? 오직 예수님만 평안을 줄 수 있다. 우리 모두에게 주어진 이슈는 바로 이것이다. 그분이 그렇게 하실 것으로 신뢰할 것인가?

후기

나는 이 위기가 제기한 모든 질문에 다 대답했는가? 아니다, 그렇게 생각하지 않는다. 전혀 그렇게 하지 못했다. 나는 개인적으로 더 명료하게 알고 싶은 많은 이슈들이 아직도 있다. 언젠가 알게 될 것이다.

"지금은 우리가 거울로 영상을 보듯이 희미하게 보지마는, 그 때에는 얼굴과 얼굴을 마주하여 볼 것입니다. 지금은 내가 부분밖에 알지 못하지마는, 그 때에는 하나님께서 나를 아신 것과 같이, 내가 온전히 알게 될 것입니다."(고린도전서 13:12)

그동안 나는 19세기의 위대한 설교가 찰스 스펄전의 충고를 따를 것이다.

"하나님은 너무 선해서 불친절할 수 없고 그분은 너무 지혜로워서 틀릴 수 없다. 우리가 그분의 손을 추적할 수 없을 때는 그분의 마음을 신뢰해야 한다."[46]

이 책을 읽은 당신도 그렇게 하길 바란다. 아니, 적어도 가시면류관을 쓰셨던 하나님은 당신이 더 많은 시간과 생각을 투자할 만한 분임을 알게 되었기를 바란다. 앞으로 어떤 일이 벌어지든지, 하나님이 과연 희망과 평안을 줄 수 있는 분인지를 당신 스스로 조사해보라고 권하고 싶다.

주

1. *Report of the WHO-China Joint Mission on Coronavirus Disease 2019 (COVID-19)* (Feb. 2020).

2. "NIH Director: 'We're on an Exponential Curve'" in *The Atlantic*, 17 Mar. 2020.

3. mphonline.org/worst-pandemics-in- history (accessed on 20 Mar. 2020).

4. citizen.co.za/news/south-africa/ courts/2256298/pray-in-groups-of- no-more-than-70-twice-a-week-for- the-sake-of-sa-mogoeng (accessed 20 Mar. 2020).

5. God vs. Coronavirus" in The New York Times, 10 Mar. 2020.

6. theguardian.com/world/2020/mar/13/first-covid-19-case- happened-innovember-china- government-records-show-report (accessed 23 Mar. 2020).

7. *Crime and Punishment* (Clayton, 2005), p 233.

8. *Collected Letters, Vol. 3,* (New York, 2000), p 520.

여기서 루이스는 피조물들 – 인간들 – 이 문자적으로 하나님이 된다고 말하는 것이 아니다. 오히려 그리스도를 믿어서 크리스천이 된다는 것은 하나님의 아들과 딸로 그분의 가족에 편입된다는 사실을 언급하고 있다(요 1:12 ~ 13, 요 3:1 ~ 21).

9. *The Universe Next Door* (IVP, 2010).

10. 업보(힌두교와 불교가 말하는)는 한 개인의 연속적인 존재 상태 중 하나에서 취한 행동의 총합이다. 두 종교는 이것이 내 생의 운명을 결정한다고 믿는다.

11. 욥기 42:7 ~ 9.

12. 욥기 1:13 ~ 19.

13. 예. 요한복음 9:1 ~ 3.

14. 고린도전서 11:20.

15. *Dialogues Concerning Natural Religion*, part 10 (1779).

16. *River Out of Eden* (Basic Books,1992), p 133.

17. *The Brothers Karamazov* (1880), book11, chapter 4.

18. "Time to Stand Up" (Freedom From Religion Foundation, 2001).

19. *Virtue Ethics* (New York, 1991), p 2 ~ 3.

20. *The Will to Power* (1888), p 389.

21. *Twilight of the Idols* (Penguin, 1990), p 80 ~ 81.

22. *The Gay Science* (Vintage, 1974), p 282.

23. *The Miracle of Theism* (Clarendon Press, 1982), p 115 ~ 116.

24. weforum.org/agenda/2015/11/ are-viruses-actually-vital-for-our- existence (accessed 20 Mar. 2020).

25. *Rare Earth* (Springer, 2000).

26. 야고보서 1:13.

27. 이에 대해서는 *Determined to Believe?* (Lion Hudson, 2017)에서 상세히 다루었다.

28. Translation by D W Gooding MRIA.

29. *The Gulag Archipelago* (Collins, 1974), p 168.

30. *Black Mass* (Farrar, Straus, and Giroux, 2007), p 198.

31. 더 자세한 사항은 내 책 *Gunning for God* (Lion Hudson, 2011), chapter 7 을 보라

32. 사도행전 17:31.

33. 로마서 3:23.

34. 출애굽기 20:3 ~ 17.

35. *The Problem of Pain* (Geoffrey Bles, 1940), p 81.

36. 레위기 13:1 ~ 46.

37. "On Living in an Atomic Age" in *Present Concerns: Journalistic Essays* (1948).

38. foreignpolicy.com/2020/03/13/christianity-epidemics-2000-years-should-

i-still-go-to-church-coronavirus (accessed 20 Mar. 2020).

39. 위와 동일.

40. 위와 동일.

41. *The Great Divorce* (Signature Classics, 2012), p 427.

42. *I Choose Everything* (Lion Hudson, 2010), p 176 ~ 178

43. 사무엘하 22:33 ~ 34.

44. 이사야 40:33.

45. 디모데후서 4:7.

46. goodreads.com/quotes/1403154- god-is-too-good-to-be-unkind-and- he-is (accessed on 20 Mar. 2020).

존 레녹스의 저서들

- 『과학은 모든 것을 설명할 수 있을까?』(아바서원, 2020). 저자의 경험과 무신론자와의 공개 논쟁을 바탕으로 과학과 기독교의 관계를 쉽고 명쾌하게 해명하는 책.

- 『신을 죽이려는 사람들: 과학은 신을 매장했는가?』(두란노, 2017). 『만들어진 신』에 나오는 리처드 도킨스의 주장들에 대해 상세히 다룬 책.

- 『최초의 7일: 창세기와 과학에 따른 세상의 기원』(새물결플러스, 2015). 창세기의 앞부분이 우주와 지구와 인류의 기원에 대한 증거와 어떤 관계가 있는지를 다룬 책.

- 『빅뱅인가 창조인가: 우주탄생의 비밀』(프리윌, 2013). 우주론적 기원에 관한 스티븐 호킹의 견해를 비판한 책.

- 『현대 무신론자들의 헛발질』(새물결플러스, 2020). 대표적인 무신론자들이 개진한 주장들을 살펴보고 논박한 책.

코로나바이러스 세상, 하나님은 어디에 계실까?

초판 1쇄 인쇄 2020년 4월 14일
초판 1쇄 발행 2020년 4월 21일

지은이 존 레녹스
옮긴이 홍병룡
펴낸이 홍병룡
만든이 최규식 · 정선숙 · 김태희

펴낸곳 협동조합 아바서원
등록 제 274251-0007344
주소 서울시 영등포구 도림로139길 8-1 3층
전화 02-388-7944 **팩스** 02-389-7944
이메일 abbabooks@hanmail.net

©협동조합 아바서원, 2020

ISBN   979-11-90376-12-9
잘못 만들어진 책은 구입한 곳에서 교환해 드립니다.